nhaltsverzeichnis

Einführung

Willkommen im V&A! Der Zweck dieses kurzen Führers besteht darin, Ihnen bei Ihrem ersten Besuch den Weg in die beliebtesten Teile des Museums zu weisen. Ein so großes und umfangreiches Museum wie das V&A neigt dazu, Besucher, die sich nicht auskennen, zu entmutigen; das System, nach dem die Sammlungen angeordnet sind, ist auf den ersten Blick nicht unbedingt klar ersichtlich . Wir haben daher versucht, Ihnen eine Vorstellung von seinen Schätzen zu geben und Ihnen zu helfen sich zurechtfinden, ohne Sie mit Informationen zu überwältigen.

Das Museum wurde 1852 als 'Museum of Manufacturers' gegründet. 1857 zog es vom Marlborough House im Zentrum der Stadt in die Felder von Brompton um, wo es in 'South Kensington Museum' umbenannt wurde. 1899 wurde sein Name zu Ehren Königin Viktorias, die im gleichen Jahr den Grundstein für das neue Gebäude legte, und ihres Gemahls Prinz Albert in 'The Victoria and Albert Museum' geändert.

Obgleich das Museum 'The Victoria and Albert Museum' heißt, ist es *kein* Museum viktorianischer Antiquitäten. Die Stärke der Sammlungen liegt in der Kombination großer Kunstwerke mit einer breiteren Auswahl von Objekten vieler verschiedenen Arten und Stile. Dieser Führer konzentriert sich auf die 'Kunst- und Designgalerien', die sich größtenteils im Erdgeschoß des Gebäudes befinden. Sie sind so angeordnet, daß sie die visuellen und kulturellen Beziehungen zwischen Objekten aus dem gleichen Land oder der gleichen Epoche zeigen.

Der Zweck des Museums besteht darin, von Besuchern benutzt, genossen und erkundet zu werden. Falls Sie sich an irgendeinem Punkt verirren, können Sie jederzeit einen der Aufseher um Hilfe bitten. In der vorderen Eingangshalle befindet sich eine zentrale Information, die Ihnen über die Öffnungszeiten der Galerien und Sonderausstellungen Auskunft gibt; hier können Sie sich auch einer Führung anschließen. Und hinter den Kulissen arbeiten gelehrte Kuratoren, die schriftliche Fragen beantworten können.

Wir hoffen, daß Ihnen das Museum gefällt, Sie mit den ausgestellten Objekten etwas vertraut werden und in Zukunft wiederkommen, um mehr zu sehen.

Elizabeth Esteve-Coll
Direktor

Die fünf Hauptgalerien

Falls Sie nur Zeit für einen kurzen Museumsbesuch haben, empfehlen wir Ihnen, sich auf die Hauptgalerien im vorderen Teil des Gebäudes zu konzentrieren:

1. DIE MITTELALTERLICHE SCHATZKAMMER
2. DIE RAFFAEL-KARTONS
3. DIE KOSTÜMSAMMLUNG
4. DIE NEHRU-GALERIE INDISCHER KUNST
5. DIE TSUI-GALERIE CHINESISCHER KUNST

Der Kerzenständer von Gloucester

Tippoo's Tiger

Die fünf berühmtesten Gegenstände

Für Besucher, die die berühmtesten Objekte in der Sammlung des Museums sehen möchten, empfehlen wir:

1. DER KERZENSTÄNDER VON GLOUCESTER
Dieses berühmte mittelalterliche Kunstwerk wurde im frühen zwölften Jahrhundert für den Abt eines Benedektinerklosters in Gloucester gefertigt. Er trägt die Inschrift 'The devotion of abbot Peter and his gentle flock gave me to the church of St. Peter at Gloucester'.

2. DAS GROSSE BETT VON WARE
Dieses enorme elisabethanische Eichenbett ist wohl das berühmteste Möbelstück der Welt. Es wurde vermutlich Ende des sechzehnten Jahrhunderts für das Gasthaus White Hart Inn in Ware/Hertfordshire hergestellt und von Shakespeare in Twelfth

Roubiliacs Denkmal von Händel

Night erwähnt. Am 13. Februar 1689 sollen sechsundzwanzig Fleischer und ihre Ehefrauen darin geschlafen haben.

3. DER ARDABIL-TEPPICH
Dieses riesige Objekt, das 1539-1540 angefertigt wurde, hat seinen Namen von dem Schrein in Ardabil/Persien. Es wurde in den späten 80er Jahren des neunzehnten Jahrhunderts nach England gebracht und 1893 auf Rat des berühmten viktorianischen Designers William Morris vom Museum gekauft.

4. TIPPOO'S TIGER
Dieses bemalte Holzschnitzerei eines Tigers, der einen britischen Soldaten zerfleischt, wurde für Tipu Sultan, den Herrscher von Mysore in Indien am Ende des neunzehnten Jahrhunderts, gefertigt. Sie enthält eine Drehorgel, wahrscheinlich französischer Herstellung, die beim Spielen das Grollen des Tigers und das Stöhnen seines Opfers simuliert.

5. ROUBILIACS DENKMAL VON HÄNDEL
Roubiliacs Denkmal von Händel wurde 1738 für den Londoner Lustgarten in Vauxhall in Auftrag gegeben. Es ist eines der ersten Denkmäler eines lebenden Künstlers und zeigt Händel auf ungewöhnlich ungezwungene Weise im Morgenrock mit aufgeknöpftem Hemd.

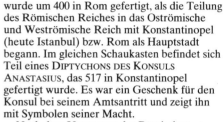

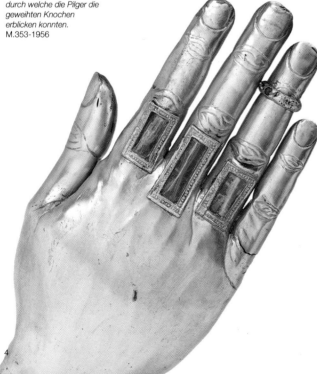

D ie erste Galerie direkt hinter der Haupteingangshalle ist die Mittelalterliche Schatzkammer. Jede große mittelalterliche Kirche hatte eine Schatzkammer (was wir einen Tresorraum nennen würden), in der die wertvollsten Besitztümer aufbewahrt wurden. Viele der hier ausgestellten Gegenstände blieben nur deshalb erhalten, weil sie auf diese Weise aufbewahrt wurden.

Die ersten Objekte in der Galerie stammen aus der spätrömischen Zeit, als das Christentum im Jahr 380 zur offiziellen Staatsreligion erklärt wurde; die frühesten Objekte sind jedoch in ihrer Symbolik noch teilweise heidnisch. Die SYMMACHI-ELFENBEINTAFEL zeigt eine Priesterin, die unter einem Jupiter symbolisierenden Eichenbaum ein Opfer bringt. Die Tafel

wurde um 400 in Rom gefertigt, als die Teilung des Römischen Reiches in das Oströmische und Weströmische Reich mit Konstantinopel (heute Istanbul) bzw. Rom als Hauptstadt begann. Im gleichen Schaukasten befindet sich Teil eines DIPTYCHONS DES KONSULS ANASTASIUS, das 517 in Konstantinopel gefertigt wurde. Es war ein Geschenk für den Konsul bei seinem Amtsantritt und zeigt ihn mit Symbolen seiner Macht.

Nach dem Untergang des Römischen Reiches wurde von Karl dem Großen, der im Jahr 800 n. Chr. zum Kaiser gekrönt wurde, eine neue Epoche politischer Stabilität eingeleitet. Er versuchte, die römische Kultur in christlichem Gewand neu zu beleben. Diese Kunst unterschied sich recht stark von der des kosmopolitischen Byzantinischen Reiches, die zu der Zeit in seiner Hauptstadt Konstantinopel blühte. Diese Unterschiede verdeutlicht ein Vergleich der um das Jahr 1000 in Konstantinopel gefertigten SCHATULLE VON VEROLI mit der ungefähr aus der gleichen Zeit stammenden BASILEWSKY SITULA (einem eimerförmigen Weihwasserbehälter) aus Norditalien. Auf der Schatulle sind Szenen von Dionysius in einem Wagen, dem Raub Europas, zahlreichen Zentauren und Mänaden beim Tanz dargestellt: Szenen dieser Art gefielen zweifellos solchen, die mit der klassischen Mythologie aufgewachsen waren. Auf der Situla, deren Stil einfacher ist, befinden sich Szenen aus den Leiden Christi; sie wurde wahrscheinlich in Mailand für den Besuch Ottos II., einem der Nachfolger von Karl dem Großen, anläßlich seines Besuches im Jahr 980 gefertigt.

An diese Objekte schließen sich Gegenstände aus der Romanik und Gotik an - diese Ausdrücke bezeichnen die internationalen Stile in Europa in der Zeit von 1000 bis 1400, einer Epoche wirtschaftlicher Blüte. Die farbigen Glasfenster hoch oben an den Wänden der Galerie stammen aus den Kathedralen und Kirchen dieser Zeit, Gebäuden, die immer noch europäische Städte beherrschen. Die Glasfenster aus der Canterbury Cathedral und der Kathedrale in Troyes (Frankreich), die im zwölften bzw.

RAUM 43
Madonna und Kind,
französisch, frühes
14 Jahrhundert.
Der Marienkult, von dem
das religiöse Leben des
Mittelalters vom zwölften
bis zum vierzehnten
Jahrhundert stark geprägt
war, führte zu Tausenden
von Kunstwerken dieser
Art. Das hier verwendete
Material ist Elfenbein. Die
Fertigung kleiner, stark
detaillierter.Elfenbeinfiguren
war eine französische
Spezialität. Im Vergleich
mit den steifen Skulpturen
früherer Epochen zeichnet
sich diese Madonna mit
ihren weichen Rundungen
und den zart geschnitzten
Falten ihres Gewands
durch eine neue,
attraktive Eleganz und
Gefühlswärme aus.
4685-1858

Das mitterlalterliche Europa

Raum 43

RAUM 43
Reliquienschrein,
rheinisch, ca. 1180 n. Chr.
Dieser Reliquienschrein aus
der Kölner Gegend gehörte
einst dem Eltenburger
Benedektinerkloster. Er
veranschaulicht, mit wieviel
Geschick und Expertise es
den mittelalterlichen
Kunsthandwerkern gelang,
häufig ohne teure Materialien
prachtvolle Kunstwerke zu
erzielen. Dieses Beispiel hat
einen Fuß aus Eiche und ist
mit vergoldetem Kupfer,
Bronze und Emaille verziert;
die Figuren sind aus
Elfenbein geschnitzt. Der
ursprüngliche Inhalt ist nicht
bekannt, muß jedoch
bedeutend gewesen sein.
7650-1861

dreizehnten Jahrhundert gefertigt wurden, haben nichts von ihrer ursprünglichen Leuchtkraft verloren.

Unabhängig von ihrer heutigen Wirkung waren die in dieser Epoche gefertigten Objekte keine einmaligen Kreationen, sondern bildeten Teil der stetigen Produktion von Leuten, die sich mit ihrem Kunstgewerbe ihren Lebensunterhalt verdienten. Die prächtige EMAILLESCHATULLE aus ca. 1200 mit Szenen der Ermordung von St. Thomas Becket in Canterbury im Jahr 1170 war das Produkt eines ausgesprochen erfolgreichen Gewerbes in der französischen Stadt Limoges, die in alle europäischen Länder exportierte. Von dem ELTENBURGER RELIQUIENSCHREIN mit seinen extravaganten Verzierungen und satten Farben, um 1180 in Köln gefertigt, befindet sich ein identisches Gegenstück gleichen Datums in Berlin. Paris war das Produktionszentrum für Devotionalien aus Elfenbein, die ab Mitte des dreizehnten Jahrhunderts in ganz Europa begehrt waren.

Die in der Galerie auf der Ostseite des Pirelli-Gartens ausgestellten Objekte geben einen Eindruck von den vielen Luxusgütern - angewandte Künste, Skulpturen und Gemälde - und einigen alltäglicheren Gegenständen, die um 1500 in einer Zeit schnellen Wandels in der europäischen Kultur und Gesellschaft für aristokratische Gönner und weniger grandiose Käufer gefertigt wurden. Auf der Fensterseite des Raums befindet sich eine Serie von Tafeln über die Hauptthemen aus dieser Epoche.

Die Architektur dieser Zeit deuten Einzelelemente wie kunstvolle schmiedeeiserne Gitter und farbige Glasscheiben aus der Kapelle des Heiligen Blutes in Brügge an. Die Sammlung des Museums ist die reichste Kollektion kleiner Luxusobjekte aus dieser Epoche. Zu den hervorragendsten Beispielen zählen das

RAUM 27
Ein kniender Engel *von Tilman Riemenschneider, ca. 1500.*
Einer der Engel eines Paars, das vermutlich als Altar-Kerzenständer für die Pfarrkirche Tauberbischofsheim in Deutschland entworfen wurde. Vor dieser Zeit waren Holzskulpturen im allgemeinen bemalt und bildeten häufig Teil großer Altarstücke. Riemenschneider experimentierte als einer der ersten nordeuropäischen Bildhauer mit der Monochromie. Die meisten seiner überlebenden Skulpturen sind unbemalt.
A.17-1912

BURGHLEY SCHIFF, das emaillierte TRIPTYCHON VON LUDWIG XII VON FRANKREICH und die Buchsbaumstatuette JUNGFRAU UND KIND von Veit Stoß.

Um 1500, als diese Objekte entstanden, war der gotische Stil des vierzehnten Jahrhunderts mit seinen großen Blattornamenten und den mit faltenreichen Gewändern umhüllten Figuren ständig komplexer geworden. Allerdings gelangte zu dieser Zeit aus Italien ein sehr unterschiedlicher Stil, der auf den klassischen Ornamenten der Renaissance beruhte, ebenfalls in den Norden. Objekte

RAUM 28
Ein Engel mit dem Wappen von Isabella von Bourbon, *Brügge*, spätes 15. Jahrhundert.
Diese Tafel ist eine von elf im Museum, die aus der Kapelle des Heiligen Blutes in Brügge stammen. Auf den Tafeln, die 1795 aus der Kapelle entfernt und an einen Engländer verkauft wurden, sind lebensgroße Figuren der Stifter der Fenster, von denen sie stammen, dargestellt; sie veranschaulichen, welche Beachtung die niederländischen Künstler dieser Zeit dem Detail schenkten.
C.443-1918

wie die beiden versilberten Pokale im ersten Schaukasten zeigen, wie ein Patron die Wahl zwischen diesen beiden Stilen hatte. Die verschiedenen Ornamentformen wurden häufig in weit auseinanderliegenden Regionen durch das neue Medium des Tiefdruckes bekannt.

Viele der Objekte wurden für kirchliche Zwecke gefertigt. Sie spiegeln die bedeutenden Veränderungen wider, die im Bereich des Gebets stattfanden. Viele Bilder - wie die rheinische Eichenfigur des ST. CHRISTOPHORUS - wurden jetzt hergestellt, um einzeln angebetet zu werden, während große Altarstücke mit Szenen aus dem Leben Christi, der Jungfrau oder eines Heiligen zur wichtigsten Kirchenausstattung zählten.

Das Wachstum der Städte und die zunehmende Bedeutung der Kaufmannsklasse bedeutete, daß sich ein neuer Markt für Luxusartikel entwickelte, der von Kaufleuten, Bankieren und Händlern in Städten wie Augsburg und Nürnberg unterstützt wurde. Der wachsende Markt für Objekte in unterschiedlichen Preislagen förderte jedoch stark den Export von Werken, die in beachtlichem Umfang von großen, gut organisierten Werkstätten produziert wurden. Diese rangierten von Tonwaren aus dem Rheinland bis zu Gebetbüchern, sowohl in handschriftlicher als auch in der neuen gedruckten Form, aus Paris. Gleichzeitig stimulierte das steigende Interesse an der Welt der Natur das Sammeln natürlicher und künstlicher Kuriositäten. Einige der in dieser Galerie ausgestellten komplexen Arbeiten wurden möglicherweise für Privatkollektionen produziert, die die Vorläufer des modernen Museums waren.

RUNDGANG EINS: Das Europa des Mittelalters und der Renaissance

Nordeuropa 1450-1550

Räume 26-27-28-29-29a

RAUM 27
Burgpokal, *Nürnberg*, ca. 1475-1500.
Dieses Meisterwerk aus Kupfer wurde wahrscheinlich von einem Goldschmied gearbeitet. Anders als in England war den deutschen Goldschmieden die Arbeit mit unedlen Metallen nicht untersagt. Dieser Pokal war mit großer Sicherheit nicht zum Gebrauch, sondern zur Schaustellung bestimmt. Mit seinen architektonischen Verzierungen - Burgmauern, Zinnen, Fallgitter, Tore und Wachtürme - hat er eine starke Ähnlichkeit mit der Stadt Nürnberg zu dieser Zeit.
245-1874

Im hinteren Teil des Museums auf der Nordseite des Pirelli-Gartens liegen die Galerien, die den großen Meisterwerken der italienischen Renaissance gewidmet sind. Die Galerien, die zuerst in den frühen 50er Jahren eingerichtet wurden, ahmen den nüchternen Ausstellungsstil nach, von dem die italienischen Museen zu der Zeit geprägt waren.

Die Werke von Donatello zeigen die Vielfalt und Vielseitigkeit des wichtigsten Bildhauers der Frührenaissance und geben einen Einblick in die Arbeitsweisen und Interessen der Zeit. Ein typisches Beispiel seiner technischen Innovation des *relievo*

schiacciato (wörtlich 'flachgedrücktes Relief') ist die HIMMELFAHRT CHRISTI MIT ÜBERGABE DER SCHLÜSSEL AN ST. PETRUS. Donatello spielte auch eine wichtige Rolle bei der Entwicklung des Jungfrau-und-Kind-Reliefs, einem beliebten Thema des fünfzehnten Jahrhunderts. Die Arten schwanken zwischen den in großen Mengen gefertigten Werkstatt-Reliefs, die Teil des täglichen Lebens bildeten, wie das aus Stuckmarmor gearbeiteten MADONNA VON VERONA, und dem Bronzerelief CHELLINI-TONDO. Dieses als Form entworfene einmalige Objekt war ein Geschenk für Donatellos Arzt, Giovanni Chellini, dessen Büste von Antonio Rossellino in der Nähe ausgestellt ist.

Die fortschreitende Erneuerung vieler italienischer Städte im frühen sechzehnten Jahrhundert wird von DIE PIAZZA MAGGIORE IN BRESCIA MIT TURNIER von Floriano Ferramola verdeutlicht. Dieses Kunstwerk zeigt die Entwicklung der Stadt um 1511. Bauprojekte wurden häufig von Einzelpersonen finanziert; einzelne Gegenstände geben interessante Hinweise auf den Geschmack und die Wünsche der Geldgeber. Ebenfalls ausgestellt sind Werke, die für den Medici-Palast in Florenz und den Gongaza-Hof in Mantua, darunter architektonische Verzierungen, Möbel und Skulpturen, in Auftrag gegeben wurden.

Das Modell für das Forteguerri-Denkmal, dem einzigen aus dem fünfzehnten Jahrhundert überlebenden Entwurf seiner Art, bezieht sich auf ein Werk, mit dem Andrea del Verocchio im

RAUM 21
Samson, einen Philistiner erschlagend *von Giambologna, Florenz, ca. 1562.*
Eine von enormer Dramatik und Dynamik gekennzeichnete Gruppe, die gleichzeitig ein Beispiel atemberaubender technischer Virtuosität ist. Sie bildete ursprünglich die Spitze eines Brunnens in Florenz und befindet sich seit 1624 in England; zu der Zeit war sie unter dem Namen Kain und Abel bekannt. *Sie befand sich an drei verschiedenen Standorten in England, bevor sie 1954 für das Museum gekauft wurde.* A.7-1954

Die italienische Renaissance 1450-1550

Räume 12-13-14-15-16-17-18-19-20-21-21a

Jahr 1476 von der Gemeinde Pistoia beauftragt wurde. Dieses Objekt sowie das anmutige Modell JUNGFRAU MIT DEM LACHENDEM KIND von Rossellino und die anderen ausgestellten Terrakottamodelle zeigen, wie die Bildhauer ihre Kompositionen entwarfen.

Die Entwicklung des Drucks, bequemeres Reisen und die Bewegung von Objekten selbst spielten alle eine Rolle bei der Verbreitung von Stilen und Ideen. Dies läßt sich besonders gut an den Werken erkennen, die traditionell als manieristisch beschrieben worden sind, vor allem am Werk von Giambologna. Besichtigen Sie auf jeden Fall sein großes Meisterwerk, SAMSON, EINEN PHILISTINER ERSCHLAGEND, eine um 1562 fertiggestellte große Marmorgruppe, von der die lange Galerie auf der Eingangsseite des Pirelli-Gartens beherrscht wird.

RAUM 17
Das Urteil von Paris
Faenza, 1527.
Faenza war ein wichtiges Zentrum für die Fertigung großer Majoliken, die zur Schaustellung bestimmt waren. Geschichten aus der klassischen Mythologie waren beliebte Themen für die Hauptdekoration, während die ornamentalen Umrandungen auf römischen Beispielen beruhten. Auf dieser Schale tragen die beiden erfolglosen Wettbewerberinnen Gewänder aus der italienischen Renaissance; sie schauen verdrossen zu, während Paris Venus den Preis verleiht.
C.2110-1910

RAUM 12
Schreiender Reiter *von Riccio, Padua, 1505-10.*
Ein schönes Beispiel für das Interesse der Renaissance an der Bronzeskulptur. Im Rahmen dieser kleinen Figur ist es dem Künstler gelungen, einen Augenblick *extremer Spannung und möglicherweise Angst mit der gleichen Kraft wie bei einer größeren Figur oder einem anderen Medium wie etwa Marmor zum Ausdruck zu bringen. Das Schwert des Reiters und das Geschirr des Pferdes fehlen.*
A.88-1910 .

Zu den bekanntesten und größten Gegenständen im V&A zählen die sieben großen KARTONS von Raffael, die im Kartonhof westlich des Ladens ausgestellt sind.

Die Kartons von Raffael sehen zwar wie Gemälde aus, sind jedoch in Wirklichkeit Entwürfe für einen Satz von Wandteppichen, die bei festlichen Anlässen an den Wänden der Sixtinischen Kapelle, der päpstlichen Hauskapelle im Vatikan, aufgehängt werden sollten. Papst Leo X. beauftragte 1515 Raffael damit, der zu dieser Zeit auch an einer Serie ornamentaler Freskos in den Wohnräumen des Papstes arbeitete. Obgleich er erst 32 Jahre alt war, wurde er bereits als Ebenbürtiger von Leonardo da Vinci und Michelangelo anerkannt. Ursprünglich wurden zehn Entwürfe für Wandteppiche bestellt, deren Themen vom Papst selbst aus der Apostelgeschichte im Neuen Testament ausgewählt worden waren.

Das Wort Karton stammt von dem italienischen Wort *cartone* und bedeutet steifes Papier. In der Zeit Raffaels bedeutete es eine vollformatige Vorzeichnung für ein Gemälde oder eine ähnliche Arbeit; ein weiteres Beispiel ist der berühmte Karton von Leonardo da Vinci für ein Ölgemälde der Jungfrau mit Kind, der sich in der Londoner National Gallery befindet.

Der Entwurf und die Ausführung der Kartons war eine enorme Aufgabe, die Raffael offensichtlich nicht allein bewältigen konnte. Er hatte in der Tat mehrere Gehilfen in seinem Studio, denen zweifellos die eintönigeren Teile der Arbeit übertragen wurden. Es kann jedoch kein Zweifel bestehen, daß die Entwürfe und die Gesamtanleitung sowie ein Großteil der tatsächlichen Arbeit von ihm allein stammten. Die Kartons wurden in einer Art von Temperafarbe gemalt, obgleich an einigen Stellen starke Bleistiftlinien unter der Farbe sichtbar sind.

Der Auftrag wurde 1516 abgeschlossen. Dann wurden die Kartons nach Brüssel, einem Zentrum der Weberei, gesandt. Obgleich uns dies heute entsetzlich

erscheinen mag, wurden die Entwürfe von den Webern in Streifen geschnitten und durch Perforieren der Umrisse mit Stecknadeln übertragen. Wenn man genau hinschaut, kann man die Löcher noch sehen. Aufgrund dieser Übertragungstechnik sind die Entwürfe auf den Wandteppichen seitenverkehrt wie bei einem Foto, das aus einem Negativ entwickelt wird. In Brüssel wurden mehrere Sätze der Teppiche, davon einer für Heinrich VIII., gewirkt, während die Kartons, auf denen sie beruhten, in Vergessenheit gerieten.

Sieben der Kartons wurden schließlich von Brüssel nach Italien zurückgesandt, wo sie 1623 für 300 Pfund im Auftrag von Prinz Charles (später Charles I.) gekauft wurden. Sie waren immer noch in Streifen und wurden in erster Linie als Vorlagen für Wandteppiche betrachtet. Als solche wurden sie der Teppichwirkerei Mortlake

RAUM 48a
Der wundersame Fischzug, *italienisch (von Raffael), 1515-16.*
Christus ruft seine ersten Jünger - allen voran Petrus - auf, ihre Netze zu verlassen und Menschenfischer zu werden. In der Komposition dieses Bildes spielen ausdrucksvolle Gesten eine wichtige Rolle. Während die Jünger in den Posen klassischer Statuen erstarrt scheinen und die leichten Boote nur symbolisch sind, verleihen die Kraniche und die Hintergrundlandschaft eine realistischere Note.

Die Raffael-Kartons

Raum 48a

RAUM 48a
Der Tod des Ananias,
italienisch (von Raffael),
1515-16.
Ananias, dem vom heiligen Petrus vorgeworfen wird, heimlich Geld zurückgehalten zu haben, das er den Bedürftigen versprochen hatte, fällt tot zu den Füßen der Apostel nieder. Obgleich die Gesten, Posen und Gesichtsausdrücke Furcht und Verwirrung zum Ausdruck bringen, ist die Komposition selbst sorgfältig ausgewogen. Die harmonischen Proportionen und statuesken Figuren zeigen, wie stark der Einfluß der klassischen Antike auf Raffael und seine Mitkünstler war.

ausgehändigt, in der einige weitere Sätze für den König und führende Mitglieder seines Hofes gearbeitet wurden. Ein Versuch, aus den Streifen wieder ein Ganzes zu machen und die Kartons als Gemälde zu behandeln, wurde erst 1699 unternommen, als sie schließlich wieder zusammengefügt und eingerahmt wurden; die Rahmen wurden speziell von Sir Christopher Wren in Hampton Court entworfen.

1866 wurden die Kartons von Königin Viktoria zur Erinnerung an Prinz Albert, der Raffael stets für den größten Künstler aller Zeiten gehalten hatte, dem V&A leihweise überlassen, um sie der Öffentlichkeit zugänglich zu machen.

Geht man die Marmortreppe in der Nähe des Museumseingangs Exhibition Road hinauf, kommt man zu der hervorragenden Sammlung von Kunstwerken aus der Tudorzeit, dem Zeitalter Heinrichs VIII. und Elisabeth I. Zum ersten Mal überlebt viel mehr profane Kunst. Dies war eine wohlhabende Zeit, in der englische Hofleute und Bürger viel Geld für reich verzierte Textilien, Gold- und Silberwaren und andere Luxusartikel ausgaben.

Heinrich VIII. war ein enthusiastischer Mäzen ausländischer Künstler, Bildhauer, Goldschmiede und Glasbläser. Die ersten Objekte in der Galerie, die für den König oder seinen Hof gefertigt wurden, zeigen den Einfluß neuer Ideen aus dem Europa der Renaissance. Der einmalige SCHREIBKASTEN mit dem Wappen von Heinrich VIII. und seiner ersten Ehefrau Katharina von Aragonien ist mit klassischen Figuren, Masken und Ranken bemalt, die aus einem Buch deutscher Designs stammten. Im Schaukasten gegenüber befindet sich der mit Juwelen besetzte HOWARD GRACE POKAL, ebenfalls

mit Motiven aus der Renaissance verziert, der wahrscheinlich von Königin Katharina in Auftrag gegeben wurde. Der schweizerische Maler Hans Holbein, Hofmaler von Heinrich VIII., malte die bezaubernde Miniatur von ANNE OF CLEVES aus dem Jahr 1539. Dem König gefiel das Bild, doch lehnte er das Original ab. Ein weiteres Beispiel der neuen Nachfrage nach naturalistischen Portraits ist die Büste von SIR GILBERT TALBOT aus der Werkstatt des italienischen Bildhauers Torrigiano.

Die Interieurs der Tudorzeit mit ihren bunten Glasfenstern, Kissen und Wandbehängen waren ein reines Farbenmeer. Holztäfelungen und Gipsdecken waren häufig bemalt und vergoldet. Das V&A ist in der glücklichen Lage, sich im Besitz eines der seltensten und kostspieligsten Beispiele der Kunstschreinerei zu befinden, einem Satz kunstvoller, mit Einlagen verzierter Täfelungen für das Schloß Sizergh in Westmoreland.

Der große Schaukasten um die Ecke des Raums aus dem Schloß Sizergh enthält Luxusartikel, die sich in der Tudorzeit besonderer Beliebtheit erfreuten - einen Wandteppich und vergoldete Silberwaren. Der gewebte Wandteppich zeigt das Wappen von Robert Dudley, Earl of Leicester, zwischen klassischen Brunnen. Wappen erscheinen auf vielen Tudor-Objekten wie zum Beispiel dem Pokal von Sir Nicholas Bacon. Auch andere persönliche Elemente dienen als Verzierung; die Oxburgh-Wandbehänge, von der schottischen Königin Maria Stuart und ihrer Wärterin, Elizabeth Countess of Shrewsbury, gestickt, bestehen aus Abzeichen und Mottos, die eine spezielle Bedeutung für die Königin hatten.

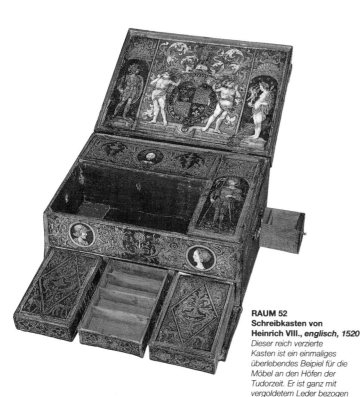

England 1500-1630

Räume 52-53-54

Die anschließende kleine Galerie enthält gestickte und gewebte Kissen, Hauben und Kappen, Handschuhe und Beutel, einige mit Golddraht und Silberpailletten verziert. Da die Farben in hellem Licht verblassen, ist die Beleuchtung gedämpft. Geben Sie Ihren Augen etwas Zeit, sich daran zu gewöhnen; dann können Sie die komplizierten Details erkennen, die häufig Blumen oder Tiere darstellen. Diese Objekte wie auch andere in dieser Galerie zeigen das Ausmaß, in dem die englischen Verbraucher aus der Tudorzeit Neuheiten liebten, und wie ausländische Handwerker sich zur Befriedigung dieses Appetits in London niederließen.

RAUM 52
Schreibkasten von Heinrich VIII., *englisch, 1520*
Dieser reich verzierte Kasten ist ein einmaliges überlebendes Beispiel für die Möbel an den Höfen der Tudorzeit. Er ist ganz mit vergoldetem Leder bezogen und mit den Abzeichen des Königs und der Königin Katharina von Aragonien (Granatäpfel, Pfeile, Burgen, Fleur-de-Lys und St. Georg und der Drache, der Schutzheilige von England) bemalt. Er wurde von einem flämischen Kunstschreiner entworfen, der die neuesten Ideen der Renaissance nutzte und Figuren von Mars und Venus und antike Vasen in das Kunstwerk aufnahm. Seine vielen verborgenen Schubladen waren für private Unterlagen, persönliche Andenken und Juwelen bestimmt, während das große mittlere Fach wahrscheinlich Flaschen mit Rosenwasser und parfümierte Sachets enthielt.
W.29-1932

RAUM 52
Der Howard Grace Pokal, London, 1525.
Am Hofe Heinrichs VIII. waren mit Juwelen verzierte Pokale sehr begehrte Geschenke. Dieser Pokal aus Elfenbein und vergoldetem Silber, dessen Deckel mit einer Figur des heiligen Georgs, den Drachen erschlagend, geschmückt ist, wurde möglicherweise von

Katharina von Aragonien als Geschenk für einen Ritter des Hosenbandordens in Auftrag gegeben. Traditionell war die Schale aus Elfenbein das Trinkgefäß von St. Thomas à Becket, dem Erzbischof von Canterbury. Er war Englands beliebtester Heiliger; viele Reliquien wie sein Hemd und seine Schuhe wurden bis zur Reformation verehrt.
M.2680-1931

*Lapislazuli, aus
dem diese 15 cm großen
Säulenmodelle gefertigt
wurden, ist ein Mineral von
intensivem Blau, das in
vielen Teilen der Welt,
von China bis Rußland,
vorkommt. Diese ansonsten
wenig bemerkenswerte
Studienhilfe wird hier dank
der Verwendung dieses
Minerals in Verbindung mit
Gold und einem Fuß aus
Porphyr, einem harten
vulkanischen Stein, zu
einem Kunstwerk erhoben.
Der Goldschmied war
möglicherweise Robert
Arnould Drais.*
853-1882

Im Tiefparterre des Museums auf der linken Seite des Haupteingangs befinden sich kostbare Luxusobjekte der europäischen Höfe aus dem siebzehnten und achtzehnten Jahrhundert: Schöne Beispiele von Skulpturen, Porzellan und Gemälden aus den frühen 70er Jahren des siebzehnten Jahrhunderts sind in einer Gruppe zusammen ausgestellt.

In den ersten Räumen der Galerie sind Objekte aus dem siebzehnten Jahrhundert ausgestellt, die von besonders bedeutenden römischen Barockskulpturen beherrscht werden. In den letzten Räumen der Galerie befindet sich die hervorragende Sammlung dekorativer Künste aus dem achtzehnten Jahrhundert, die dem Museum 1882 von John Jones hinterlassen wurde. Jones, der als Uniformschneider zum Wohlstand kam, widmete sich ganz seiner Sammlung. Er kaufte weise und gut. Er war ein Junggeselle mit spartanischem Lebensstil (er schlief stets auf einer Art von Feldbett) und füllte sein Haus in Piccadilly mit einigen der besten Beispiele von Möbelstücken und Porzellan an, die jemals aus Frankreich kamen. Eine Bedingung in seinem Testament war, daß die Sammlung zusammenbleiben müßte.

Die wichtigsten Möbelstücke sind mit *Boulle* verzierte Stücke. Die Boulletechnik erhält ihren Namen von dem Mann, der sie zu ihrer höchsten Qualität entwickelte - André Charles Boulle, dem feinsten Kunstschreiner von Ludwig XIV. Auf der Oberfläche eines ausgewählten Möbelstückes (sehr häufig ein Schreibtisch oder Schrank) fügte der Schreiner ein kompliziertes Puzzlemuster aus Stücken Schildplatt und Messing, Silber oder einem anderen Metall zusammen. Die Wirkung ist sehr prunkvoll, obgleich sie nicht jedem gefällt.

Französisches Porzellan aus dieser Zeit, an dem Jones interessiert war, wird von Produkten der Fabrik in Sèvres am Stadtrand von Paris beherrscht. Jones hatte kein großes Haus, daher vermied er platzraubende Tafelgeschirre und riesige Vasen zugunsten kleinerer Artikel wie Teeservice und Potpourri-Behälter. Die Porzellanfabrik in Sèvres war ursprünglich in Vincennes gegründet worden; Jones gelang es, in den Besitz mehrerer schönen Beispiele dieser früheren Produkte zu kommen.

Den Abschluß der Jones-Sammlung bildet ein Schaukasten, der aus Lapislazuli und Gold gearbeitete Modelle der fünf Säulenarten enthält, welche die Grundlage aller klassischen Architektur bilden. Die Modelle wurden um 1780 gefertigt; als Jones sie kaufte, ging das Gerücht um, daß sie speziell für die französische Königin Marie Antoinette gearbeitet worden waren. Die Bestätigung hierfür wurde vor kurzer Zeit geliefert, als in den Archiven des Königspalastes Versailles Rechnungen für einen Schaukasten zum Aufbewahren der Modelle entdeckt wurden.

Europa 1600 - 1800

Räume 1a-1b-1c-2-3a-3b-3c-4-5-6-7

RAUM 7
Vase und Deckel,
französisch (Sèvres),
ca. 1770.
Ein hervorragendes Stück
aus der berühmtesten
französischen Porzellanfabrik.
Die Vase soll Teil eines
Geschenkes von Ludwig XVI.
an Tipu Sultan, den Herrscher
von Mysore, gewesen sein,
um ihn zu ermutigen, auf
französischer Seite gegen
die Briten in Indien zu
kämpfen. Nach Tipus
Niederlage und Tod in der
Schlacht von Seringapatam
im Jahr 1799 war die
Vase vermutlich Teil der
britischen 'Kriegsbeute'.
Die Jupiterszene (im Gewand
Dianas) mit dem
ahnungslosen Castillo
beruht auf einem Gemälde
von Francois Boucher.
747-1882

RAUM 5
Schrank, *französisch,*
spätes 17. Jahrhundert.
Man ist versucht, dieses
prachtvolle Möbelstück
Charles Boulle selbst
zuzuschreiben. Es ist
jedoch nicht ganz typisch
für seine Arbeit und wurde
daher wahrscheinlich von
einem anderen
Kunstschreiner aus dieser
Zeit gefertigt. Der Schrank
ist aus Eiche, mit Ebenholz
furniert und vorwiegend
mit Zinn und Messing
verziert. Er war nicht nur
ein Prunkstück, sondern
hatte auch eine praktische
Funktion; hinter den
unteren Türen sind
Tresorfächer zum
Aufbewahren wertvoller
Gegenstände verborgen.
1026-1882

Umfassende Beispiele der kontinentaleuropäischen und amerikanischen angewandten Künste des neunzehnten Jahrhunderts sind in den Galerien ausgestellt, die sich die Treppe hinunter auf der rechten Seite des Haupteingangs befinden. Die Qualität und der Umfang der Objekte sind vor allem für die Zeit nach 1851 bemerkenswert und weitgehend den klugen Käufen zu verdanken, die auf den Weltausstellungen in der zweiten Hälfte des Jahrhunderts getätigt wurden. Die ausgestellten Objekte sind absichtlich so angeordnet, daß sie mittels starker Farben, Original-Museumsausstattungen und eines Eindrucks antiquarischen Durcheinanders die Atmosphäre des neunzehnten Jahrhunderts hervorrufen.

Die ersten Objekte zeigen sehr deutlich, wie stark der ganze Kontinent von der Pariser Kultur und somit der typischen Form des am Hofe Napoleons so beliebten französischen Neoklassizismus beherrscht wurde. Auf der linken Seite steht ein Sessel und auf der rechten Seite ein Schrank, beide kunstvoll vergoldet und von der Firma Jacob, im frühen neunzehnten

RAUM 8
Schrank, *französisch*,
Paris 1861-7
Was handwerkliches Können betrifft, ist dieser Schrank das schönste kontinentaleuropäische Möbelstück des neunzehnten Jahrhunderts in der Sammlung des V&A. Der Kunstjournal-Katalog der Pariser Ausstellung von 1867, auf der dieses Stück gezeigt wurde, war der Ansicht, daß 'es unmöglich ist,

dem Schrank von M. Fourdinois, dem chef-d'oeuvre der Ausstellung, mit der Feder oder dem Bleistift gerecht zu werden, und es mit Bestimmtheit das beste Werk seiner Klasse ist, das in der modernen Zeit von einem Hersteller gefertigt wurde ...' Der Schrank ist aus Ebenholz gefertigt und mit Buchsbaum-, Linden-, Stechpalmen-, Birnbaum- und Nußbaumholz, Mahagoni und Marmor massiv eingelegt.
721-1869

Jahrhundert die berühmteste Kunstschreinerei der Welt, gestempelt. Der Sessel wurde wahrscheinlich für Napoleon selbst gefertigt, für den Jacob häufig arbeitete.

Die Mitte der Galerie wird von einigen stark architektonischen, geschnitzten Möbelstücken im neugotischen Stil beherrscht, die 1851 im Crystal Palace ausgestellt wurden. Auf der linken Seite befindet sich ein Bücherschrank von Carl Leistler aus Wien, den der Kaiser von Österreich-Ungarn Königin Viktoria präsentierte; gegenüber befinden sich das Büfett und die Thröne von T. Hoffmeister aus Coburg, die von Königin Viktoria und Prinz Albert auf der Ausstellung erworben wurden.

Am Ende des ersten Raums der Galerie sind mehrere amerikanische Artikel ausgestellt, darunter ein Sofa aus Kunstholz, von J.H. Belter aus New York hergestellt, ein bemalter Schrank von Kimbel and Cabus und eine Marmorbüste von Hiram Powers. In der Nähe befinden sich Objekte, die auf den Weltausstellungen der 60er und 70er Jahre des neunzehnten Jahrhunderts gekauft wurden. Der Endraum ist den 90er Jahren und vor allem der umfassenden Sammlung von Objekten gewidmet, die Sir George Donaldson auf der Pariser Ausstellung im Jahr 1900 für das Museum erwarb. Diese sind fast alle im Jugendstil und vorwiegend französischer Herkunft; allerdings sind vor kurzer Zeit einige Möbelstücke, die von Adolf Loos und Otto Wagner in den späten 90er Jahren entworfen wurden, gekauft worden, um die bedeutende Rolle, die während dieser Zeit von Wien gespielt wurde, zu illustrieren. Amerika ist mit Glas von Tiffany, Metallarbeiten von Louis Sullivan und Buchgestaltungen von Frank Lloyd Wright vertreten, während die Wände mit einigen der berühmtesten Plakate aus dieser Epoche behangen sind.

RAUM 8
Frisierspiegel,
österreichisch, Wien 1821
In seiner allgemeinen Form erinnert dieser Frisierspiegel an eine antike Leier, die ein beliebtes Motiv in Wien war. Er wurde möglicherweise von Karl Schmid (Daten unbekannt) gefertigt, der auf der 1835 in Wien veranstalteten ersten österreichischen Industrieausstellung eine Bronzemedaille für Neuheiten aus Perlmutt gewann. Balthasar Wigand (1771-1846), der die Ansicht des Wiener Stefansdoms auf der Rückseite des Spiegels malte, war auf die Darstellung berühmter Sehenswürdigkeiten in Wien und Umgebung mit Gouachefarben spezialisiert. Der Spiegel ist mit Eiche furniert und mit eingelegtem Perlmutt und Goldbronze verziert. In der Schublade werden Näh- und Toilettenutensilien aufbewahrt. Die Rückseite des Spiegels verziert ein mit Gouachefarben gemaltes Bild.
W.12-1977

RUNDGANG ZWEI: Das moderne Europa

Europa 1800-1900

Räume 8-9

Die erste Reaktion der Besucher beim Betreten der beiden Gipshöfe des V&A ist häufig großes Erstaunen. Was macht Michelangelos berühmter *David* hier, der doch in Florenz sein müßte? Wie war es möglich, das riesige Eingangsportal der spanischen Pilgerkirche Santiago de Compostela abzubauen und diesem Museum wieder aufzubauen?

Die Antwort ist, daß diese riesigen Werke nicht die Originale, sondern Gispabgüsse von Formen der Originale sind. Von jedem Original wurden viele Formen gemacht - je größer die Objekte, desto mehr Formen wurden benötigt. Diese Formen wurden dann in England mit Gips gefüllt. Nachdem der Gips sich gesetzt hatte, wurden die Formen entfernt und die einzelnen Abgüsse zusammengesetzt. Bei einer genauen Prüfung kann man feststellen, daß die Nähte zwischen den einzelnen Abschnitten nicht immer ganz erfolgreich waren. Insgesamt ist die Sammlung jedoch ein einmaliges Zeugnis des viktorianischen Fleißes und Könnens.

Die Abgußsammlung wurde in den Jahren 1860 bis 1880 vor allem zum Nutzen von Kunstschülern aufgebaut, mit deren Ausbildung das Museum zu tun hatte. Zu der Zeit hatten die meisten Leute weder die Zeit noch das Geld, ins Ausland zu reisen; Schüler konnten nur selten große Kunstwerke im Original besichtigen. Gipsabgüsse waren daher häufig der beste Ersatz für das Original. Obgleich dies nicht länger der Fall ist, sind die Abgüsse immer noch eine wertvolle Zeichenhilfe.

Die Sammlung wird beherrscht von dem Abguß der Trajanssäule. Das Original (113 n. Chr.) ist eines der eindrucksvollsten Denkmäler der römischen Antike. Der Abguß ist um einen Backsteinkern gebaut und aus praktischen Gründen in zwei Teilen. Dies hat einen Vorteil gegenüber dem Original, bei dem die oberen Abschnitte so hoch sind, daß man die Details mit dem bloßen Auge nicht erkennen kann. Außerdem sind viele der Details in den letzten Jahren durch Umweltverschmutzung beschädigt worden. Diese Tragödie hat keinen Einfluß auf den Abguß, der glücklicherweise eine echte Dokumentation der Säule ist, wie sie in den späten Jahren des neunzehnten Jahrhunderts aussah.

Der Abguß der Trajanssäule steht im Viktorianischen Gipshof des Museums, der parallel zum Italienischen Gipshof verläuft. Im Italienischen Gipshof befinden sich Abgüsse italienischer Kunstwerke aus dem Mittelalter und der Renaissance bis ca. 1580. Hier stehen Kopien von so großen Werken wie Ghibertis Bronzetüren des Baptisteriums in Florenz und Donatellos Statue von St. Georg. Neben Michelangelos DAVID stehen sein MOSES und STERBENDER SKLAVE.

Die Gipshöfe wurden zwischen 1868 und 1873 speziell zur Aufnahme der Sammlung gebaut. Mit ihrer enormen Höhe und den gewölbten Glasdächern sind sie eines der bemerkenswertesten überlebenden Beispiele viktorianischer Spezialbauten; nach einer Zeit der Vernachlässigung werden sie heute wieder in gebührendem Maße geschätzt. Das gleiche gilt für die Abgüsse. Mit der Zeit wird man sie wieder mehr und mehr als eigenständige Kunstwerke und wertvolle Dokumentationen von Originalen schätzen, die im Laufe der Jahre von Wind, Regen und Benzindünsten beschädigt worden sind.

RUNDGANG ZWEI: Das moderne Europa

Die Gipshöfe

Räume 46a-46b

RAUM 46a
Der Italienische Gipshof
(1873 eröffnet).
Die beiden Hälften der Trajanssäule überragen majestätisch die sie umgebenden Abgüsse; auf dieser Abbildung sind vorwiegend mittelalterliche Grabmäler zu sehen. Eine Ausnahme im Vordergrund bildet der Abguß von Merkur und Psyche, ursprünglich

1593 von Adriaen de Vries in Bronze gegossen. Bei einem Blick nach oben auf die Galerie kann der Besucher die zwischen den Stützen in Goldbuchstaben aufgemalten Namen von Städten lesen, die von den Viktorianern vom kunstgeschichtlichen Standpunkt her als wichtig betrachtet wurden.

Kleidungsstücke zu zeigen. Dem traditionellen europäischen Geschmack in japanischen Artefakten tragen die ausgestellten Rüstungen und Helme, Schwerter und Schwertscheiden, *Inro* (kleine mehrteilige Behälter) und *Netsuke* (Gürtelknebel), Export-Porzellan, Lackwaren und Holzdrucke sowie kunstgewerbliche Objekte in der Sektion, die der Meiji-Epoche (1868-1912) gewidmet ist, Rechnung. Eine wichtige Sektion der Galerie ist auch dem zwanzigsten Jahrhundert gewidmet. Mit der teilweisen Konzentration seiner jetzigen Bemühungen auf das moderne japanische Kunstgewerbe setzt das Museum seine Tradition fort, herausragende Beispiele zeitgenössischer Kunst und Formgebung zu sammeln.

RAUM 45
Holzskulptur, *zwischen 1200 und 1300.*
Der Buddhismus wurde im 6. Jahrundert n. Chr. in Japan eingeführt. Unter seinem Einfluß wurden viele prächtige Skulpturen, besonders Holz - und Bronzeplastiken, produziert, die Buddha in seinen verschiedenen Formen darstellen. In dieser schön geschnitzten und lackierten Figur erscheint Buddha als Amida Nyorai, Herr des westlichen Paradieses; seine Hand ist in typischer Geste für die Lehren Buddhas erhoben.
FE.5-1972

Die Toshiba-Galerie japanischer Kunst, eine der großen Galerien auf der anderen Seite der Eingangshalle des Museums, wurde im Dezember 1986 als eine der ersten in einer Serie vom Privatsektor finanzierter neuer Galerieentwicklungen eröffnet. Sie ist eine der größten Dauerausstellungen japanischer angewandter Künste außerhalb Japans.

Die Galerie ist eher thematisch als chronologisch angeordnet. Viele der Ausstellungsgegenstände stammen aus der Zeit zwischen 1550 und 1900. Zwei kleine Sektionen, Frühe Keramiken und Buddhistische Kunst, enthalten älteres Material, wie zum Beispiel die prächtige Skulptur AMIDA NYORAI aus dem dreizehnten Jahrhundert. Ein Gebiet, das zum ersten Mal von einer Dauerausstellung erfaßt wird, ist das Volkskunstgewerbe; es ist ein Versuch unternommen worden, eine große Auswahl japanischer Textilien und

Bei den Lackwaren wird zwischen Waren für den Hausgebrauch und Exportwaren unterschieden; unter letzteren befinden sich der berühmte VAN-DIEMEN-KASTEN und die MAZARIN-TRUHE. Die Ausstellung von Haushaltswaren ist in zwei Teile unterteilt. Der erste identifiziert die stilistischen Hauptvariationen in der Edo-Zeit (1615-1868), während der zweite die verschiedenen Verwendungszwecke von Lack erklärt. Unter den ausgestellten Beispielen befinden sich ein Satz Picknickgeräte, Utensilien für die Weihrauchzeremonie, Schreibgeräte, und ein Satz Gedichtkarten. Die Konzentration auf sowohl Stil als auch Funktion sieht man im übrigen bei den ausgestellten Teegeräten, zu denen Beispiele aus einer wichtigen Keramikgruppe gehören, die 1877 in den Besitz des Museums kam.

Es werden nicht nur zahlreiche Interessenpunkte innerhalb der einzelnen Sektionen der Ausstellung hervorgehoben, sondern auch die Zusammenhänge zwischen den verschiedenen Sektionen durch physische Gegenüberstellung hergestellt. Es wird der Zusammenhang zwischen Export-Lackwaren und Export-Porzellan gezeigt. Indigofarbene Volkstextilien werden bunten Kimonos, die von den Wohlhabenden und Mächtigen getragen wurden, gegenübergestellt. Die Gruppe von Holzdrucken in der Mitte der Galerie zeigt, wie Kimonos in der Edo-Zeit (1615-1868) getragen wurden, und wie die mittelalterlichen Samurai ihr Schwert und ihre Rüstung nach der phantasiereichen Vorstellung der Künstler des neunzehnten Jahrhunderts trugen.

Die Toshiba-Galerie trachtet nicht nur danach, die besten Stücke der bemerkenswerten Sammlung japanischer Kunst und Formgebung des V&A zu zeigen, sondern gibt auch eine Vorstellung von den Umständen, unter denen die Artefakte gefertigt und gebraucht wurden. Sie stimuliert das ästhetische Empfindungsvermögen der Besucher und macht auf die breiteren Aspekte der japanischen Kultur aufmerksam.

Japan

Raum 45

**RAUM 45
Rüstung, *vorwiegend
ca. 1850.***
Diese Rüstung stammt fast vollständig aus der Mitte des neunzehnten Jahrhunderts. Sie ist eine Nachbildung älterer, traditioneller Formen. Der Helm jedoch geht auf ca. 1550 zurück und ist von seinem Hersteller Ietada signiert. Für diese Rüstung wurden unter anderem Eisen, Seide und Leder als Materialien verwendet. Der zugehörige übliche Kasten zur Aufbewahrung der Rüstung ist hier in Schwarz und Gold lackiert.
M.95-1955

**RAUM 45
Inro, *vorwiegend
1750-1850.***
Diese Gruppe von vier Inro gibt einen Einblick in die enorme Vielfalt und Phantasie, von der diese Miniatur-Kunstform gekennzeichnet ist. Drei Behälter der Gruppe haben einen Gürtelknebel (Netsuke), und alle vier sind außerdem mit einer Ornamentperle (Ojime) ausgestattet, mit der die das Inro haltende Schnur festgezogen wurde.
W.116,164,236,238-1922

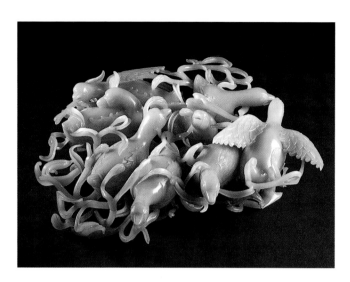

RAUM 44
Jadekasten in der Form
von acht Gänsen, *1750-*
1820, Qing-Dynastie.
Die Schnitzerei ist in zwei
Hälften, wobei der Körper
jeder Gans einen kleinen
Kasten bildet.
FE.57-1983
Aus dem Nachlaß
der verstorbenen
Mrs. L.F. Palmer von der
Museums and Galleries
Commission geschenkt.

Die T.T. Tsui Galerie chinesischer Kunst auf der rechten Seite der Mittelalterlichen Schatzkammer wurde im Juni 1991 eröffnet. Eine Galerie chinesischer Kunst gibt es in diesem Museum seit den frühen 50er Jahren; die neue Galerie wurden von Herrn T.T. Tsui, einem Geschäftsmann und Kunstsammler aus Hongkong, finanziert. Sein Geschenk machte es auch möglich, Zeit für Publikumsforschung aufzuwenden. Die Ergebnisse zeigten, daß die meisten Leute an mehr Informationen über die Funktion von Kunstgegenständen und ihren gesellschaftlichen Zusammenhang interessiert sind. Aus diesem Grund ist die Galerie nach Themen und nicht chronologisch angeordnet. Die sechs Hauptthemen sind:

Wohnen
Essen und Trinken
Religiöses Leben
Bestattung
Regieren
Sammeln

Hier werden viele der größten Schätze chinesischer Kunst, die sich im Besitz des Museums befinden, gezeigt. Zu ihnen gehören: ein Prunkbett aus der Ming/Quing-Dynastie um 1650 n. Chr. in der Sektion über das tägliche Leben; ein über ein Meter großer Bronzekopf von BUDDHA aus der Tang-Dynastie (ca. 750 n. Chr.) in der Sektion über religiöses Leben; ein zweitausend Jahre alter Pferdekopf aus Jade in der Sektion über Bestattung; ein einzigartiger geschnitzter Lacktisch, der aus den kaiserlichen Werkstätten während der Herrschaft des Kaisers Xuande (1426-1435) stammt, in der Sektion über Regieren. Seite an Seite mit diesen kostbaren Kunstwerken befinden sich interessante Objekte bescheidenerer Herkunft.

In der Mitte der Galerie stehen vier Schaukästen, die jeweils fünf Kunstgegenstände enthalten. Der Zweck dieser schlichten Anordnung von Objekten besteht darin, vier häufig gestellte Fragen zu beantworten:

1. Aus welchem Material bestehen chinesische Gegenstände? Hier enthält der Schaukasten Objekte aus Porzellan, Jade, Seide, Lack und Cloisonné.
2. Was bedeuten die Dekorationen auf diesen chinesischen Kunstgegenständen?
3. Wie kamen diese Objekte in ein Museum?
4. Von wem wurden die Objekte gefertigt?

Zwei der Ausstellungsgegenstände, ein geschnitzter Schlangenkopf und eine Porzellanvase aus der Ming-Dynastie, können von den Besuchern berührt werden. Während gehofft wird, daß jeder von dieser extrasensorischen Dimension profitiert, sind die Stücke vor allem für sehbehinderte und blinde Besucher bestimmt; aus diesem Grund sind sie in englischer und chinesischer Blindenschrift beschriftet. Die Tsui-Galerie ist die erste Galerie in Großbritannien mit Beschriftungen in zwei Sprachen, Englisch und Chinesisch, um den vielen chinesischen Besuchern zu helfen. Im übrigen trägt die Verwendung chinesischer Kalligraphie und

China

Raum 44

RAUM 44
Eines der Ahnenportraits
eines Ehepaars, *Aquarell*
auf Seide, 1700-1800,
Qing-Dynastie.
Formalisierte Portraits
dieser Art wurden an
besonderen Festtagen
hervorgeholt und
zusammen mit Speisen
und Getränken, Weihrauch
und anderen Gaben
aufgestellt. An diesen
Tagen brachte die Familie
Opfer und gedachte der
toten Familienmitglieder.
Heute sind in den meisten
Familien Fotos an die
Stelle der Ahnenportraits
getreten.
E.361-1956

Schrift zu der allgemeinen chinesischen
Atmosphäre bei, die auch durch die
bauliche Gestaltung der Galerie mit
ihrem gewölbten Dach und den
Hintergrundfarben aus sattem Blau,
Gold und Terrakotta unterstützt wird.

RAUM 44
Buddhakopf, 700-900,
Tang-Dynastie.
Bronze mit auf Kaolingrund
bemalter Oberfläche.
Bei einer sorgfältigen
Reinigung wurde
festgestellt, daß der Kopf
zweimal neu bemalt
wurde. Sein frühes
Datum wurde anhand
wissenschaftlicher
Tests bestätigt.
M.3-1936

Die Galerie für islamische Kunst enthält Artefakte, die in den Ländern im Zentrum der islamischen Welt in der Zeit ihrer größten Erfolge - etwa vom neunten bis zum achtzehnten Jahrhundert n. Chr. - gefertigt wurden. Die ausgestellten Objekte stammen aus mehreren Ländern, von denen Iran, Irak, Syrien, die Türkei und Ägypten die wichtigsten sind. In historischen Zeiten wurden diese Länder in verschiedenen Kombinationen von einander ablösenden Dynastien beherrscht.

Auf ihrem Höhepunkt erstreckte sich die islamische Welt von Spanien bis an die Grenzen Chinas und umfaßte viele verschiedensprachige Völker - Araber, Perser, Türken, Kurden, Berber und andere. Dieses riesige Reich wurde von seinem gemeinsamen Glauben und der islamischen Kultur zusammengehalten, obgleich es auch beachtliche christliche und jüdische Minderheiten umfaßte.

Die meisten islamischen Kunstgegenstände sind rein funktionell. Die Teppiche sind die wichtigsten Ausstattungsgegenstände in Häusern, die kaum oder überhaupt keine Möbel im europäischen Sinn enthalten. Die Keramik-, Glas- und Metallwaren wurden für die Zubereitung und das Servieren von Speisen und Getränken oder für andere Hausarbeiten benutzt. Sehr wenige Objekte sind rein dekorativ, obgleich Luxusobjekte durchweg stark verziert sind.

Islamische Künstler wurden auch für die Verzierung und Ausstattung religiöser Gebäude wie Moscheen (in denen die Mohammedaner sich zum gemeinsamen Gebet versammeln) und für Grabmäler benötigt. Der Koran, die heilige Schrift des Islam, ist das wichtigste religiöse Objekt; eine Auswahl schöner kalligraphischer Beispiele bildet Teil der Ausstellung. Der Minbar, ein über einer Treppe erhöht aufgestellter Predigtstuhl, gehörte zur wesentlichen Moscheenausstattung. Ein Beispiel ist in der Galerie zu sehen. Weitere Ausstattungsgegenstände sind Kacheln, Teppiche und Lampen. Strenggläubige Mohammedaner betrachten die Darstellung von Lebewesen und vor allem Menschen als blasphemischen Versuch, mit der göttlichen Schöpfung wettzueifern; solche Bilder sind daher von religiösen Umgebungen strikt ausgeschlossen. Die nichtreligiöse Dekoration wird dagegen in ununterbrochener Tradition von Figuren durchzogen; viele Objekte in dieser Galerie

RAUM 47c
Moscheenlampe,
türkisch, ca. 1555.
Dieses farbige Objekt hat zwar die Form einer Lampe, ist jedoch keine echte Lampe. Sie soll zur Dekoration unter den echten Glaslampen in der Süleyman-Moschee

in Istanbul aufgehängt worden sein. Das Material ist Frittenporzellan; das Ornament wird vor dem Glasieren aufgemalt. Diese Art verzierter Keramik kam aus der Stadt Isnik und Umgebung in Westanatolien.
131-1885

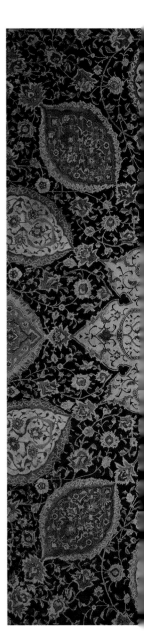

Der Islam

Räume 42-47c

RAUM 42
Perserteppich, *1539–40*.
Dieser Teppich, der berühmte Ardabil-Teppich, soll aus einem Mausoleum stammen, das für Scheich Safi-al Din, den Begründer der Safawiden-Dynastie, von seinen Nachkommen errichtet wurde.

Der Teppich ist in persischen Knoten, 340 Knoten pro Quadratzoll, aus Wolle gearbeitet. Von William Morris wurde er als 'bei weitem der schönste Teppich, den ich gesehen habe' beschrieben.
272-1893

enthalten Darstellungen von Personen. Üblicher ist jedoch wohl die Verwendung der fließenden arabischen Schrift, von Arabesken, Schneckenmustern und geometrischen Mustern, welche die wesentliche Thematik des islamischen Künstlers bilden.

Die Galerie ist mehr oder weniger chronologisch angeordnet, wobei die verschiedenen Sektionen sich mit bestimmten Materialien oder Ländern befassen. Unter den vielen bedeutenden ausgestellten Kunstwerken befinden sich einige der wertvollsten Schätze des Museums: der ägyptische Wasserkrug aus dem zehnten Jahrhundert, aus einem einzigen Block Bergkristall geschnitzt; die kleinen Elfenbeinkästen, die im zehnten Jahrhundert für Mitglieder des islamischen königlichen Haushalts in Spanien gefertigt wurden; das GLÜCK VON EDENHALL, ein emaillierter Glasbecher, der vermutlich von einem englischen Kreuzritter zurückgebracht wurde; und der ARDABIL-TEPPICH, der berühmteste, größte und prächtigste Perserteppich der Welt.

Ein Besuch der Galerien indischer Skulptur und der neuen Nehru-Galerie indischer Kunst des V&A ist eine stimulierende und unterrichtende Weise, einen Gesamteindruck von der indischen Kunst zu gewinnen. Der Besucher betritt zuerst die Galerie indischer Skulptur mit einer Auswahl der besten Beispiele indischer Skulpturen im Dienste der hinduistischen, buddhistischen und Jaina-Religion. Der Fortschritt der indischen Kunst kann an Skulpturen aus Stein, Terrakotta, Stuckmarmor, Elfenbein, Holz und Metall von den frühen Jahrhunderten v. Chr. bis zur Mitte des sechzehnten Jahrhunderts verfolgt werden. Damals wie heute wurden sie sowohl zu Ehren der verschiedenen Götter als auch zum Anrufen ihres Schutzes und guten Willens geschaffen.

Die indische Skulptur entwickelte sich unter mehreren aufeinanderfolgenden Völkerwellen und Herrschern. Einige der herausragendsten künstlerischen Leistungen

stammen jedoch aus der Zeit des Mogul-Reiches, das im frühen sechzehnten Jahrhundert gegründet wurde und bis zum achtzehnten Jahrhundert andauerte. Die Herrscher der Mogul-Dynastie waren große Kunstmäzenen. Unter Akbar und seinen Nachfolgern durchdrangen von Opulenz gekennzeichnete Mogul-Stile und -Techniken alle Künste. Es ist daher nicht verwunderlich, daß die Nehru-Galerie indischer Kunst von Objekten aus dieser fruchtbaren Zeit beherrscht wird. Im Herzen der Ausstellung, in der Mitte des palastartigen Baus mit seinen traditionellen eingesetzten *Jalis* oder Fenstergittern befinden sich kostbare, einzigartige Objekte wie Weinpokale aus Jade, für die Mogul-Herrscher Jahangir und Shah Jahan gearbeitet, und ein schöner Goldlöffel, mit Smaragden, Diamanten und Rubinen besetzt.

Die ältesten erhaltenen indischen Gemälde wurden auf Palmenblätter gemalt, die im dreizehnten Jahrhundert zunehmend von Papier verdrängt wurden. Diese frühen Werke sind für ihre stilisierten Figuren, kühnen Umrisse und leuchtenden Farben bemerkenswert. Die Mogul-Künstler, die von den Herrschern stark gefördert wurden, führten neue Themen wie Kriegsführung und Jagd sowie auch die Mode der Portraitmalerei ein. Die meisten stellten Herrscher dar; diese Gemälde wurden häufig mit einer breiten dekorativen Borte aus zarten Blumen und anderen Pflanzen eingefaßt, die von den Borten illuminierter Handschriften des mittelalterlichen Europas inspiriert worden waren.

Textilien bilden einen eindrucksvollen Teil der in dieser Galerie ausgestellten Objekte und spiegeln die wichtige Rolle wider, die sie bei der Entwicklung des kulturellen Erbes Indiens gespielt haben. Am bekanntesten sind wohl die bemalten und gefärbten Baumwollstoffe, als Chintz und Musselin bekannt, und die vielen

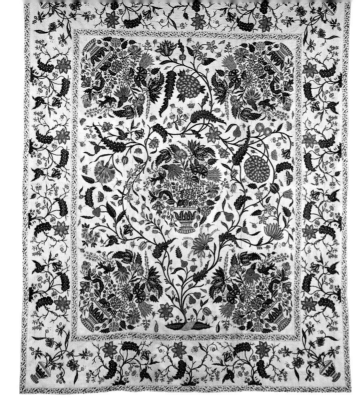

Indien

Räume 41-47a-47b

schönen Stile indischer Stickerei mit ihrer originellen Verwendung von Gold- und Silberfäden, farbigen Perlen und Pailletten. Teppiche aus Agra und Lahore, die in vielen Gemälden von Hofszenen zu sehen sind, waren ebenfalls sehr begehrt.

Im Laufe des siebzehnten und achtzehnten Jahrhunderts erwarben europäische Handelsgesellschaften einen beunruhigenden Grad an politischer Kontrolle auf dem Subkontinent. Der internationale Handel zwischen Indien und dem Westen existierte bereits im späten Römischen Reich oder selbst früher. Die Römer tauschten Luxusgüter wie Wein, Edelsteine und Parfüm gegen indische Textilien und Gewürze aus. Mit der Rückkehr der europäischen Händler nach Indien im siebzehnten Jahrhundert kündigte sich jedoch eine neue Ära an - der Beginn der Kolonialherrschaft, die mit der

RAUM 41
Wasserkrug,
Deccan, Mitte des
17. Jahrhunderts.
Dieser hübsche Wasserkrug ist ein schönes Beispiel für Bidri, eine nur in Indien bekannte Technik. Die Objekte werden aus einer Metallegierung mit hohem Zinkgehalt gegossen; in diese Legierung wird Silber und bisweilen auch Messing eingelegt. Der Name stammt von Bidar, einer Stadt in Deccan, obgleich Bidri in der ganzen Region produziert wurde. Heute ist diese Technik auf Hyderabad (Andhra Pradesh) beschränkt. Die Deccan-Sultanate waren stark mohammedanisch; die Rankendekoration auf diesem Krug folgt der besten mohammedanischen Tradition.
1479-1904

Begründung des britischen 'Empire' in der Mitte des neunzehnten Jahrhunderts ihren Höhepunkt erreichte.

Indien hat traditionell ausländische Einflüsse absorbiert und in ihre eigenen künstlerischen Traditionen umgewandelt. Dies galt auch für die europäische Anwesenheit. Die Nehru-Galerie indischer Kunst ist ein triumphierender Beweis, daß die künstlerischen Traditionen Indiens zu alt und zu stark sind, um von ausländischen Einflüssen beeinträchtigt zu werden.

*Auf dieses prächtige
Seidenkleid, das von
Isabella Courtenay auf
ihrer Hochzeit am 14.
Mai 1744 in der Kathedrale
von Exeter getragen
worden sein soll, wäre
wohl so manche Braut
neidisch gewesen. Die
schönen Blumenmuster
sind mit Silberfaden und
farbigem Seidengarn
aufgestickt. Der
erstaunlich weite Rock
wird über einem
Reifenunterrock getragen
und muß der Trägerin
beim Betreten von
Räumen einige
Schwierigkeiten bereitet
haben. Trotz solcher
praktischen Probleme
wurden weite Röcke
während eines Großteils
des 18. Jahrhunderts
regelmäßig getragen; ihre
extremste Form erreichten
sie in den 40er Jahren.*
T.260-1969

Modegeschmack kennzeichnend sind.
Ein Beispiel hierfür ist die Weise, in der auf
die exquisiten Seiden- und Stickkleider des
achtzehnten Jahrhunderts ab ca. 1790
einfachere Linien und Materialien folgten,
wie sie in den Romanen von Jane Austen
beschrieben werden.

2. SOZIALE UND POLITISCHE GESCHICHTE
Die Sammlung zeigt ebenfalls, wie
politische und geschichtliche Ereignisse
ihren Stempel auf der Mode hinterlassen
haben. Bis 1789 war für die Engländer wie
auch das übrige Europa die französische
Mode tonangebend. Dies änderte sich mit
der französischen Revolution (wenn auch
nur für kurze Zeit). Im neuzehnten
Jahrhundert öffnete das britische 'Empire'
die Tür zu vielen neuen Einflüssen aus
Ländern wie Indien, während sowohl
Herren- als auch Damenmoden stark von
Militäruniformen beeinflußt wurden. In den

Wenige Dinge rufen unsere Ahnen
stärker vor Augen als ein Studium
der von ihnen getragenen Kleidung.
Die Kostümsammlung des V&A, die sich in
der großen Galerie hinter der Nehru-Galerie
befindet, bietet eine der besten Chancen für
ein solches Studium. Allerdings muß betont
werden, daß es sich bei diesen Kostümen um
modische Kleidungsstücke handelt, die nur
bei besonderen Anlässen getragen wurden;
normale Alltagskleider überleben nur selten.

In den Schaukästen helfen die schlichten
Hintergründe und einfachen Gliederpuppen,
die Aufmerksamkeit der Besucher auf die
Kostüme selbst zu lenken. Die Posen und
Frisuren sind jedoch typisch für die von
ihnen dargestellten Epochen.

Wir empfehlen Ihnen, sich die
Kollektionen unter den folgenden
Aspekten anzuschauen:

1. MODE
Die Sammlung illustriert wichtige Punkte
in der Geschichte der Mode, darunter
die Umschwünge von einem Extrem
zum anderen, die so häufig für den

beiden Weltkriegen des zwanzigsten Jahrhunderts kam die Modeschöpfung mehr oder weniger zum Stillstand und war von einer düsteren Note gekennzeichnet; allerdings wurde im Zweiten Weltkrieg eine reglementierte Mode unter dem Oberbegriff 'Nutzkleidung' eingeführt. Im Gegensatz dazu löste das Ende der beiden Kriege Gefühle der Erleichterung und Euphorie aus, die nach 1919 zu dem sogenannten 'Flapper' und 1947 zum 'Neuen Look' führten, mit dem Dior die Modewelt überraschte.

3. GESCHLECHT
Der 'Flapper' war das Symbol der Emanzipation der Frauen; seit den 1870er Jahren verdeutlicht die Frauenkleidung in zunehmendem Maße den Weg ihrer Trägerinnen in die Befreiung. Von einigen wurden die engen Ärmel, einzwängenden Mieder und behindernden Röcke mit Gesäßpolster zugunsten der unbehindert fließenden Gewänder der Präraffaeliten und Arts-and-Crafts-Bewegungen, die häufig aus Liberty-Stoffen genäht wurden, abgelehnt.

4. FORM
Die Galerie enthält einige faszinierende Beispiele künstlicher Formen, die im achtzehnten und neunzehnten Jahrhundert hochmodern waren. Der menschliche Körper hatte selten die gleiche Form wie diese modischen Kleidungsstücke und mußte ihnen daher angepaßt werden. Dies geschah mit Hilfe von Unterwäsche. Der Körper der Frau wurde in enge Korsetts und Korsagen gezwängt, während Reifen und Petticoats die Form des Rockes bestimmten. Ein Beispiel der Hofkleidung von 1745 ist ein lächerlich weiter Reifenrock aus roter Seide. Im neunzehnten Jahrhundert rangierten die Formen von den glockenförmigen Roßhaar- und Fischbein-Petticoats der 30er und 40er Jahre bis zu den kuppelförmigen, jedoch sehr leichten Krinolinen der 50er und 60er Jahre, die von Käfigen aus Federstahl gestützt wurden.

Mode

Raum 40

Die Krinoline ist ein gutes Beispiel für die Anwendung neuer Technologien auf die Mode; wie auch die Nähmaschine, die in den 50er Jahren des neunzehnten Jahrhunderts erfunden wurde.

RAUM 40
Abendkleid, *englisch (Lucile), 1912-13.*
Ein ins Auge fallendes Kleid aus der Garderobe von Heather Firbank, die im Jahr 1960 teilweise vom Museum erworben wurde. Die Modeschöpferin Lucile (Lady Duff Gordon) kreierte es aus einer Mischung von cremefarbigem Satin, schwarzem Samt, Chiffon und Spitze. Eine Zeitlang galt der geschlitzte Rock als sehr gewagt, obwohl er von den Stoffalten fast verdeckt wird.
T.31-1960

RAUM 40
Morning-Coat, *englisch, 1770–80.*
Dieser extravagante Rock mit breiten Revers und hohem Kragen zeigt, was der modebewußte feine Herr gegen Ende des 18. Jahrhunderts trug. Unter dem Rock trug er eine Weste mit ähnlichen Revers, die über die Revers des Rocks geschlagen wurden. Dieser Stil wurde von der französischen Mode dieser Zeit beeinflußt. Ergänzt wird das Ensemble von Schnallenschuhen und einem Stock mit silbernem Knauf.
940-1902

E ine Galerie voll von lautlosen Musikinstrumenten mag einigen Museumsbesuchern merkwürdig erscheinen. Denn schließlich ist es der Zweck von Musikinstrumenten, Töne zu produzieren und dem Gehör zu gefallen. Die Antwort ist, daß die Instrumente in dieser Galerie, die sich über der Kostümsammlung befindet, hauptsächlich (wenn auch nicht ausschließlich) wegen ihres dekorativen Aussehens und nicht ihrer musikalischen Qualitäten erworben wurden. Die Sammlung besteht vorwiegend aus Saiteninstrumenten aller Art - auf Tasten gespielt, mit dem Bogen gestrichen oder mit der Hand gezupft. Es sind auch mehrere Windinstrumente und einige Blechinstrumente vertreten. Während die dekorativen Instrumente in der Galerie dem Besucher ins Auge fallen, sind andere, die für Studienzwecke wichtig sind, in Kästen mit Ausziehfächern verborgen.

Die Galerie enthält auch Fotos von Gemälden und Zeichnungen, welche die

Instrumente in diversen häuslichen Umgebungen ab der Renaissance zeigen. Solche Bilder bestätigen, daß Tasteninstrumente seit dem 16. Jahrhundert eine zentrale Stellung einnehmen. Das von Jerome aus Bologna 1521 gefertigte Cembalo des Museums ist eines der ältesten erhaltenen Cembalos. Fast so alt ist das von Giovanni Bafo aus Venedig gefertigte Beispiel aus dem Jahr 1574 mit seinen für das sechzehnte Jahrhundert typischen gemalten Dekorationen. Diese Instrumente sind beide berühmt; das gleiche gilt für das Cembalo aus dem siebzehnten Jahrhundert von einem Mitglied der berühmten Familie Ruckers aus Antwerpen, die es liebte, ihre Instrumente mit Vögeln, Blumen und Insekten in der besten flämischen Tradition zu bemalen (dieses Instrument soll Händel gehört haben). Englische Hersteller zogen im allgemeinen ein nüchterneres Aussehen vor; sie vermieden bemalte Gehäuse und erzielten ihre dekorativen Effekte statt dessen mit Furnier aus kontrastierenden Hölzern.

Wenn auch Cembalos, Spinette und Virginale alle unterschiedlicher Form sind, gehören sie dennoch insofern zur gleichen Familie, als das Zupfen der Saiten durch das

Musikinstrumente

Raum 40a

Anschlagen der Tasten bewirkt wird. Dem gegenüber ist das Klavichord, dessen Saiten mit einem Metallplättchen angeschlagen werden, der direkte Vorläufer des Klaviers. Dies kann man deutlich in dem Schaukasten sehen, in dem ein Klavichord zusammen mit einem 1767 in London hergestellten, sehr frühen Klavier (ohne Beine) ausgestellt ist. Wenn auch zwischen diesem kleinen Holzinstrument und dem riesigen Flügel mit eisernem Rahmen des späten neunzehnten Jahrhunderts ein enormer Unterschied besteht, existiert zwischen ihnen dennoch eine direkte Verbindung.

Einige der früheren Klaviere werden 'quadratisch' genannt, obgleich sie rechteckig sind. Die Entwicklung des Klaviers und Flügels, wie wir sie heute kennen, begann allerdings bereits um 1800. Im Laufe dieser Entwicklung wurden einige merkwürdige Experimente angestellt, wie zum Beispiel das 'Giraffenklavier', das in Wirklichkeit ein aufgerichteter Flügel ist. Das von ca. 1815 stammende Beispiel in der Sammlung des Museums enthält einen Mechanismus für Trommel- und Glockeneffekte. Es ist kunstvoll vergoldet; wie beim Cembalo wurde das Klaviergehäuse von Künstlern und Designern als Oberfläche für Dekorationen benutzt. Einige Klaviere wie der wienerische Flügel von 1815-1820, der an Stelle normaler Beine von Atlanten gestützt wird, sind bewußte Wohlstandssymbole. Andere sind mit ruhigeren und kleineren Verzierungen geschmückt, wie das Miniaturklavier, das im Stil der Präraffeliten von Sir Edward Burne-Jones bemalt wurde.

In dieser Kollektion gehören die Streichinstrumente vorwiegend zur Familie der Violen. Obgleich sie gut ein Jahrhundert beliebt waren, gingen sie Ende des siebzehnten Jahrhunderts aus der Mode, weil ihr leiser, gedämpfter Ton nicht mit dem stärkeren Klang der aufstrebenden Geigen Schritt halten konnte. Obgleich beide Instrumente auf den ersten Blick identisch erscheinen, sind bei einer näheren Betrachtung wichtige Unterschiede in ihrer

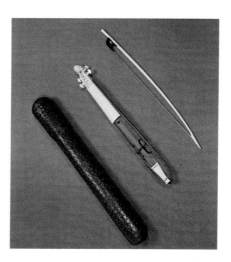

Bauweise und Form erkennbar. Wie Tasteninstrumente wurden Violen häufig mit dekorativen Einlegearbeiten verziert und ihre Köpfe fein geschnitzt. Dem gegenüber wurden Geigen selten auf diese Weise behandelt. Ihre schönen Formen sprechen für sich, wie ein Beispiel aus dem Jahr 1699, das von der Hand des Meister-Geigenbauers Antonio Stradivari aus Cremona stammt, verdeutlicht.

Die uralte Technik des Emaillierens verlieh der Arbeit der Renaissance-Goldschmiede neues Interesse. Diese Technik umfaßt das Schmelzen von farbigem Glas auf metallenem Grund; durch die häufige Verbindung dieser Technik mit Themen wie mischgestalten Fabelwesen wurden sehr auffallende Stücke produziert. Eine traditionellere, jedoch ebenso originelle Kreation ist das HENEAGE-JUWEL, das Königin Elisabeth I. ihrem Ratgeber Sir Thomas Heneage geschenkt haben soll. Emailliertes Gold, Diamanten und Rubinen umrahmen ein Profil der Königin, das sich unter einer Schutzhaut aus Bergkristall befindet. Das Juwel ist ein Medaillon, das ein zweites Bild der Königin, eine Miniatur des berühmten Nicholas Hilliard, enthält.

RAUM 92
Die Commesso-Brosche von Königin Viktoria, die auf der Weltausstellung 1851 von der preisgekrönten Pariser Firma Félix Dafrique ausgestellt wurde.
Die Brosche, die von dem Bildhauer Paul Victor Lebas stammt, ist aus geschnitztem Schildplatt, emailliertem Gold, Smaragden und Diamanten gefertigt.
Schaukasten 20,
Tafel D, Nr. 2
M.340-1977

Am oberen Ende der Treppe zur Nationalen Kunstbibliothek befindet sich rechts eine Drehtür zu den Tresorräumen, in denen die Schmucksammlungen des Museums aufbewahrt werden. Hier sind 6000 Schmückstücke, vom Ägypten des Altertums bis zur heutigen Zeit, ausgestellt; ein Spezialführer steht zur Benutzung in der Galerie zur Verfügung.

Der meiste mittelalterliche Schmuck hat entweder mit Religion oder mit Liebe zu tun. Einige Artikel sind kleine Reliquiare, deren Inhalt den Träger vor allen Arten körperlicher oder geistiger Gebrechen schützen sollte. Andere, vor allem Ringe und Broschen, tragen Mottos religiösen oder profanen Ursprungs wie 'Ave Maria' oder 'Ich bin Dein'. Ein besonders rares Objekt in der Galerie ist ein Satz goldener 'Vaterunser'-Perlen, die mit Bildern von Heiligen verziert sind. Solche Perlen waren wie der Rosenkranz eine Gebetshilfe; diese sind, soweit bekannt ist, der einzige aus dem mittelalterlichen England überlebende Satz.

Schmuck

Räume 91-92-93

Nicht nur hatten viele Schmuckstücke des sechzehnten Jahrhunderts diese Medaillon-Funktion, sondern die englischen Miniaturmaler dieser Epoche, darunter Hilliard, waren häufig gleichzeitig als Goldschmied ausgebildet.

Schmuck dient als Verzierung; er braucht nicht aus Edelmetallen oder Edelsteinen gefertigt zu sein. In der Tat sind einige sehr wirkungsvolle Stücke aus wenig erfolgversprechenden Materialien gearbeitet worden, die kaum etwas mit der populären Vorstellung von Schmuck zu tun haben. Das ungewöhnlichste Beispiel ist wohl der in Berlin von ca. 1804 bis 1855 gefertigte Eisenschmuck. Er beflügelte die Phantasie der Öffentlichkeit zuerst in der Zeit von 1812 bis 1814, als Preußen um seine Befreiung von Napoleon kämpfte. Wohlhabende preußische Damen steuerten ihre Goldringe und sonstigen Schmuckstücke zur Unterstützung des Krieges bei und tauschten sie gegen Stücke aus Eisen aus. Entgegen allen Erwartungen sind solche Stücke keinesfalls unattraktiv, sondern im Gegenteil sehr fein und zart. Das Schmuckdesign zeigt nicht nur, welche Steine und Techniken jeweils in Mode waren, sondern gibt auch Aufschluß über die verschiedenen Epochen, aus denen es stammt. Kennzeichnend für den Jugendstil-Schmuck des späten neunzehnten und frühen zwanzigsten Jahrhunderts sind die rankenden Pflanzen und schlanken Frauen, die mit diesem Stil assoziiert werden, während der Art Deco-Schmuck der 20er und 30er Jahre des zwanzigsten Jahrhunderts bunt, laut und hart ist.

Der Schmuck der letzten vierzig Jahre, von Künstler-Juwelieren wie Gerda Flockinger und Wendy Ramshaw entworfen und gefertigt, zeichnet aich vor allem durch seine Vitalität und Originalität aus.

Im oberen Stockwerk des Henry-Cole-Flügels mit prächtigem Ausblick auf London und die Berge von Surrey befindet sich die Galerie, die der Constable-Sammlung gewidmet ist. Sie wurde der Nation 1888 von Isabel, der ältesten Tochter des Künstlers, geschenkt und ist die weltgrößte Kollektion von Constable-Werken. Ihre besondere Stärke liegt darin, daß sie die Entfaltung der Kreativität des Künstlers durch eine sein Leben durchziehende Serie hervorragender Skizzen in Bleistift, Aquarell und Öl unterstreicht und zeigt, wie Studien von bestimmten Themen ihren Höhepunkt in so großartigen Ölgemälden wie BOOTSBAU, DIE DEDHAM-SCHLEUGE oder DIE KATHEDRALE VON SALISBURY finden. Am eindrucksvollsten sind wohl die beiden 1,80 Meter großen, vollformatigen Skizzen für DER HEUWAGEN und DAS SPRINGENDE PFERD, in denen die impulsive Technik des Künstlers deutlich hervortritt und nicht von der Lieblichkeit, die ein Merkmal der für den Verkauf und Ausstellungen bestimmten endgültigen Versionen ist, überlagert wird.

Constable wird häufig für einen Landmann angesehen und von der Öffentlichkeit mit der Landschaft des Stour in der Grafschaft Suffolk assoziiert. Sein Vater war ein wohlhabender Müller; seine typischsten Themen stammen alle aus der fruchtbaren Agrarlandschaft, in der er aufwuchs. Wie viele andere Romantiker seiner Generation war der junge Constable jedoch entschlossen, Künstler zu werden und sich in London einen Namen zu machen.

Constable

Räume 603-620, Geschoß 6, Henry-Cole-Flügel

RAUM 603
Skizze für Das springende Pferd von John Constable, 1825.
Eine der größten Leistungen von Constable war eine Serie von sechs Gemälden, die den kanalisierten Stour darstellen und jeweils ca. 1,80 x 1,20 m messen. Für jede vollendete Komposition fertigte er eine Ölskizze dieser Art an, um mit der Verteilung der Details und der Anordnung von Licht und Schatten zu experimentieren. Aus den Skizzen geht deutlich hervor, mit welcher Freiheit er Pigmente und Farben handhabte. Diese Skizze ist die letzte der Serie. Das vollendete Werk wurde 1825 in der Royal Academy ausgestellt und befindet sich immer noch in der Sammlung der RA.

Man muß Constable daher als einen Großstadtmaler betrachten, der sich der Tradition der alten Meister und des Werkes seiner großen europäischen Zeitgenossen stark bewußt war; er war keineswegs lediglich ein Maler von regionaler Bedeutung. Im Henry-Cole-Flügel können die Leistungen von Constable neben Kollektionen von deutschen, schweizerischen, österreichischen und französischen Landschaftsgemälden des frühen neunzehnten Jahrhunderts voll gewürdigt werden. Er bereicherte das klassische europäische Repertoire mit zahlreichen völlig neuen Themen.

Rechts neben dem Aufzug im vierten Stockwerk des Henry-Cole-Flügels befindet sich der Eingang zu einem kleinen, dunklen und notwendigerweise schwach beleuchtetem Raum, der die nationale Sammlung von Portraitminiaturen enthält.

Der Begriff 'Miniatur' bedeutete ursprünglich nicht 'sehr klein', sondern bezog sich statt dessen auf die Art des bei der Malerei verwendeten Pigments. Die Kunst der Miniaturmalerei wurde im frühen sechzehnten Jahrhundert von Künstlern entwickelt, die in den europäischen Hofbibliotheken ausgebildet worden und in der neuen Royal Library in England tätig waren. Die Kunst wurde zuerst von Hans Holbein dem Jüngeren am Hofe Heinrichs VIII. vervollkommnet. Sein berühmtes Portrait der dritten Frau von Heinrich VIII., ANNE OF CLEVES, befindet sich in der Sammlung.

Hilliard behauptete, von diesem Portrait Holbeins die Kunst der Miniaturmalerei erlernt zu haben. In einer langen Karriere, die die Herrschaft von Elisabeth I.

Englische Miniaturen

Raum 406, Geschoß 4, Henry-Cole-Flügel

**RAUM 406
Portrait von
Catherine Bruce,
Countess of Dysart,
von Richard Gibson.**
Gibson, ein weniger als
1,20 Meter großer Zwerg
mit enormem Charme,
war Hofmaler von
Miniaturportraits und
- kopien für den Earl of
Pembroke und König
Charles I.
3509

umspannte, hielten Hilliard und der fast zur gleichen Zeit lebende Isaac Oliver die Gesichter und viel von dem Ethos des goldenen elisabethanischen Zeitalters fest. Das Portrait JUNGER MANN UNTER ROSEN (wahrscheinlich der Earl of Essex) bildet das brillante Mittelstück der Kollektion.

Die Kunst florierte im England des gesamten siebzehnten und achtzehnten Jahrhunderts und brachte in ganz Europa angesehene Künstler wie Samuel Cooper und Richard Cosway hervor. Das Werk der weniger bekannten Meister, von John Hoskins, der den Stuart-Monarchen diente, bis zu Sir William Charles Ross am Hof von Königin Viktoria, ist eine ununterbrochene Schilderung der Stile der britischen Malerei und der Gesichter der britischen Geschichte. In der Mitte des neunzehnten Jahrhunderts kam die Miniaturmalerei seitens der neuen Technik der Fotografie unter Druck; die letzten Schaukästen zeigen die Endphase der Miniaturmalerei im frühen zwanzigsten Jahrhundert.

**RAUM 406
Vier Jahre altes Mädchen mit einem Apfel und Fünf Jahre altes Mädchen mit einer Nelke von Isaac Oliver, 1590.**
Oliver ist einer der großen Meister der Miniaturmalerei, der die einheimische englische Tradition mit Merkmalen aus Frankreich und der italienischen Renaissance bereicherte. Diese beiden raren Beispiele von Kinderportraits zählen zu seinen einfühlsamsten Werken. Sie verbinden edlen Charakter mit einem lebhaften Ausdruck von Individualität; scheu und feierlich halten die Mädchen die Symbole der Vertreibung aus dem Paradies und der Jungfrau Maria.
P145,146-1910

Der Drang zur Verzierung und Ornamentierung ist seit der Antike eine der treibenden Kräfte des europäischen Designs. Im zwanzigsten Jahrhundert bleibt der Wunsch bestehen, doch die uralte Ornamentsprache, ein komplettes System sich allmählich ändernder Motive, ist seit langem vergessen. Die Erklärung und Förderung der richtigen Verwendung von Ornamenten war eines der ursprünglichen Ziele des sogenannten South Kensington Museum.

RAUM 220
Ein Paar Reebok
'Instructor'
Trainingschuhe, 1991.
Das Design für Trainingschuhe wird mit großer Sorgfalt entworfen, nicht nur (wie hier) wegen der damit verbundenen

technischen Innovationen, sondern auch, weil diese Schuhe starke Symbole einer beliebten Aktivität des modernen Lebens sind. Als Ergebnis haben sie daher häufig auch rein ornamentale Merkmale.
T.140 1 & 2-1991

Die neue europäische Ornamentgalerie wurde als wesentlicher Schlüssel zu den im übrigen Museum ausgestellten Sammlungen eingerichtet. Sie ist wie ein enormes Wörterbuch oder eine Enzyklopädie angeordnet, die die europäischen Ornamente seit ca. 1450 behandelt (und somit die größten Stärken der Sammlungen des Museums widerspiegelt), aber auch frühere Epochen und Länder außerhalb Europas betrachtet. Die Galerie nimmt eine einmalige Stellung im Museum ein. Objekte verschiedenen Datums, Materials, Ursprungs und Rangs werden aufgrund ihrer Fähigkeit, auf bestimmte Motive oder dekorative Elemente hinzuweisen, zusammen gruppiert. Gleichzeitig unterrichtet die Galerie über die Veränderungen bei der Verwendung und Bedeutung von Ornamenten, die Geschichte der Stile und den Einfluß von Materialien auf das Design.

Im ersten Raum befinden sich einführende Sektionen über die Natur des Ornaments und die Weise, auf die es sich verbreitete und in Schulen und Werkstätten gelehrt wurde. Es werden Drucke, das Hauptverbreitungsmedium vor ca. 1850, neben den von ihnen beeinflußten Objekten, sowie Abgüsse und Fotos, die für von dem Museum im neunzehnten Jahrhundert geförderte Zeichenübungen benutzt wurden, gezeigt. Des weiteren befindet sich in diesem Raum ein Abschnitt über geometrische Ornamente wie Zickzack-, Punkt- und Karomuster, die sowohl die älteste als auch die modernste Ornamentform sind.

Durch einen dorischen Türrahmen aus einem Haus des achtzehnten Jahrhunderts in Kensington betritt der Besucher eine Hauptsektion über das architektonische Ornament. Ein Großteil der europäischen Ornamente beruht bis heute (obwohl dies unerkannt ist) auf der griechischen und römischen Architektur des Altertums. Auf eine detaillierte Ausstellung der klassischen Ordnungen folgt eine Ausstellung klassischer Motive; unter den gezeigten Objekten befinden sich Modelle der Villa Madama

Ornamente

Raum 220, Geschoß 2, Henry-Cole-Flügel

und des Tempietto in Rom, Silberwaren, Keramiken und Textilien sowie bauliche Fragmente.

Eine weitere große Sektion der Galerie behandelt das nicht ursprünglich mit der Architektur assoziierte Ornament, obgleich es für Gebäude benutzt worden ist. Es werden Objekte, Figuren und Tiere, Wappen und Symbole gezeigt, welche die Zeit vom fünfzehnten Jahrhundert bis zu den 90er Jahren dieses Jahrhunderts umspannen, von den griechischen Göttern bis Mickymaus. Pflanzliche Ornamente, vorwiegend in der Form von Blumenmustern, sind wahrscheinlich die häufigste Art nichtarchitektonischer Dekorationen der heutigen Zeit. Diese erscheinen hauptsächlich auf Textilien und Tapeten und werden in der Galerie zum ersten Mal klassifiziert.

RAUM 220
A New Book of Sheilds Usefull for all sorts of Artificers, *graviert von H. Roberts nach Augustin Heckel, ca. 1760.*
Dieses kleine sechsseitige Buch, in dem Kartuschen gezeigt werden, wird am oberen Rand mit einem Faden zusammengehalten; in dieser Form wurden solche Bücher üblicherweise von Handwerkern gekauft. Wie viele Hersteller von Musterbüchern war Heckel selbst Kunsthandwerker; er war einer der führenden Londoner Goldziseleure in der Mitte des achtzehnten Jahrhunderts.
29413.A 1

RAUM 220
Silberner Kerzenständer, *von Samuel Roberts and Co, Sheffield 1773–4.*
Die klassische Säule ist seit langer Zeit eine offensichtliche und dekorative Weise für den Entwurf eines Kerzenständers. Hier jedoch hat der Hersteller zwei modische Stile durch die Kombination eines gotischen Schaftes und Kapitells aus den Architekturbüchern der 40er Jahre des siebzehnten Jahrhunderts mit einem Fuß, der mit einem ursprünglich für römische Opferaltare verwendeten Ornament verziert ist, vereinigt.
843-1905

Das V&A
und Sie

THE VICTORIA & ALBERT MUSEUM

Cromwell Road, London SW7 2RL
Tel. 071 938 8500
Informationen auf Band
Allgemeines: 071 938 8441
Ausstellungen: 071 938 8349
Montags bis samstags 10.00 bis 17.50 Uhr
Sonntags 14.30 bis 17.50 Uhr

INFORMATIONSSTAND

Die Mitarbeiter beraten Sie darüber, was
es zu sehen gibt und wo es zu finden ist.

FÜHRUNGEN

Führungen, die ungefähr eine Stunde
dauern, werden montags bis sonntags
veranstaltet. Sie beginnen am Haupteingang.

DIE FREUNDE DES V&A

Die Freunde unterstützen das V&A sowohl
finanziell als auch mit freiwilliger Arbeit;
sie sind zu Rabatten im Geschäft und
Restaurant des Museums und auf
Bildungskursen des V&A berechtigt; sie
haben kostenlosen Zutritt zu Ausstellungen,
für die eine Eintrittsgebühr zu zahlen ist,
können an Sonderveranstaltungen für
Freunde teilnehmen und genießen weitere
Vorteile. Ausführliche Informationen
werden am Mitgliederstand für Freunde
oder am Informationsstand erteilt.

DAS GESCHÄFT DES VICTORIA & ALBERT MUSEUMS

Das Hauptgeschäft führt ein
ausgezeichnetes Sortiment an Büchern über
Kunst und Kunstgewerbe, Karten,
Reproduktionen, Schmuck, Stickpackungen
und Schreibwarenartikeln, die großenteils
von den Sammlungen des V&A inspiriert
wurden. Im Geschäft befindet sich ein
Laden des Craft Council; ein britischer
Versandhauskatalog wird jeden September
veröffentlicht.

Erstveröffentlichung: The Victoria
& Albert Museum, 1991
© Trustees of the Victoria
& Albert Museum
Fremdsprachliche Ausgaben:
1st Translation Co Ltd, London.
ISBN 185177 107 7
Entwurf: Area
Printed in Italy